AF453786

Vente du Samedi 23 Avril 1870.

OBJETS D'ART

ET DE CURIOSITÉ

PROVENANT DU CABINET D'UN AMATEUR *(Eug. Piot)*

EXPOSITIONS :

PARTICULIÈRE	PUBLIQUE
Le Jeudi 21 Avril 1870.	*Le Vendredi 22 Avril 1870.*

Mᵉ CHARLES PILLET	M. CH. MANNHEIM
COMMISSAIRE-PRISEUR	EXPERT
Rue Grange-Batelière, 10.	Rue Saint-Georges, 7.

Si j'avais eu la patience — et vraiment la chose était bien
facile — de deviner, comme je l'ai fait sur ces deux catalogues, les
principaux objets de toutes les ventes auxquelles j'ai assisté depuis
près de 30 ans, j'aurais aujourd'hui une collection de
souvenirs inappréciable, une généalogie unique et un document
historique sans prix- mais.....

Bouniatté

CATALOGUE

D'OBJETS D'ART

ET DE CURIOSITÉ

Sculptures en marbre ; Terres cuites ; Bronzes d'Art ;
Belles Faïences italiennes et de Perse ; Cuivres gravés et incrustés ;
Verreries de Venise ; Émaux de Limoges ;
Bijoux ; Meubles ; Étoffes.

PROVENANT DU CABINET D'UN AMATEUR

DONT LA VENTE AURA LIEU

HOTEL DROUOT, SALLE N° 2

Le Samedi 23 Avril 1870,

A DEUX HEURES.

Par le ministère de Mᵉ CHARLES PILLET, commissaire-priseur,
10, rue Grange-Batelière

Assisté de M. CHARLES MANNHEIM, expert, rue Saint-Georges, 7.

Chez lesquels se trouve le présent Catalogue.

EXPOSITIONS

PARTICULIÈRE : *le Jeudi 21 Avril 1870*
PUBLIQUE : *le Vendredi 22 Avril 1870*

DE UNE HEURE A CINQ HEURES

CONDITIONS DE LA VENTE

Elle sera faite au comptant.

Les acquéreurs payeront, en sus des adjudications, *cinq pour cent*, applicables aux frais.

L'exposition mettant le public à même de se rendre compte de l'état des objets, il ne sera admis aucune réclamation une fois l'adjudication prononcée.

Paris. — Imp. de Pillet fils aîné, rue des Grands-Augustins, 5.

DÉSIGNATION DES OBJETS

SCULPTURES DE MARBRE

1 — Buste d'Octave Farnèse, duc de Parme, vêtu d'une riche cuirasse avec un masque de Méduse sur la poitrine et deux mufles de lion sur les épaules. Il a le collier de la Toison-d'Or. Œuvre d'une splendide exécution, pleine de vérité et de vie, du célèbre sculpteur milanais Annibal Fontana.

Haut. : 67 cent.

Octave Farnèse, duc de Parme, avait épousé la fille de Charles-Quint, Marguerite d'Autriche, plus tard gouvernante des Pays-Bas.

Allié de la France, il avait passé une partie de sa jeunesse à la cour de François Ier et de Henri II, où il fut particulièrement distingué de Diane de Poitiers.

Duc de Parme en 1550, il mourut en 1586.

2 — **Saint Jérome**, buste demi-nature dû au ciseau de Jacopo Sansovino. Sur le socle de marbre rouge de Vérone, on lit : S. HIER.

Haut. : 30 cent.

3. — **Buste du cardinal Bembo**, faisant pendant au précédent et de la main du même artiste.

Haut. : 30 cent.

4 — **Ange agenouillé**, couronné de fleurs, jouant du hautbois. Sculpture florentine d'une grâce exquise, très-remarquable par le jet heureux et la finesse des draperies.

Hau.t : 37 cent.

5 — **Figure de jeune femme assise.** Elle est dans une attitude fière et modeste ; sa tête est ceinte d'une bandelette, ses longs cheveux flottents sur ses épaules, elle semble s'appuyer sur sa main gauche, la droite posée sur la cuisse tient un volumen. La tunique collante dont elle est vêtue ne dissimule en rien le modelé de son corps. Travail italien d'un grand sentiment et de beaucoup de finesse d'exécution.

Haut. : 30 cent.

6 — **Buste d'enfant** en bas-relief, saint Jean-Baptiste, la tête est nimbée. Travail florentin du xvie siècle.

Haut. : 22 cent.

TERRES CUITES

7 — David vainqueur de Goliath, très-élégante figure de terre cuite appartenant à l'art florentin du xvᵉ siècle ; ses cheveux descendent ondoyants sur ses épaules ; sa poitrine est couverte d'une cuirasse à l'antique richement ornée, qui dessine toutes les formes du torse ; un court jupon couvre les cuisses ; sa main gauche appuyée sur sa hanche tient une balle de fronde ; la tête du géant qu'il vient de terrasser est à terre entre ses jambes.

Haut. : 52 cent.

8 — L'Abondance, légèrement vêtue d'une tunique serrée à la taille et rattachée sur l'épaule droite ; l'épaule gauche est nue, le bras soutient une corne d'abondance ; dans la main droite relevée se trouve un rameau ; la jambe droite légèrement infléchie pose le pied sur un fragment de Zodiaque où se trouve le signe du Lion. Modèle de terre cuite exécuté avec beaucoup de liberté et de sentiment, par *Jean de Bologne*.

C'est l'esquisse d'un de ses grands ouvrages de marbre qui décorent la ville de Pise.

Haut. : 60 cent.

9 — La Vierge et l'enfant, stuc florentin du xvᵉ siècle, grandeur nature, colorié et doré.

Haut. : 62 cent.

9 *bis* — Terre émaillée de Lucca della Robbia. Bas-relief. La Vierge vue à mi-corps tient son divin Fils sur son bras gauche ; dans le haut deux têtes de chérubins. Les chairs sont réservées en terre ; les vêtements et le fond sont émaillés.

Haut. 80 cent. ; larg. 24 cent.

10 — Buste d'homme, terre cuite petite nature ; les cheveux sont ondoyants comme on les portait vers 1670, la tête ressemble aux portraits connus de Colbert.

Haut. : 62 cent.

11 — Les Rois mages portant des présents : trois groupes composés. chacun de trois figures couvertes de riches vêtements coloriés avec soin et rehaussés d'or. Le turban du roi more est orné de perles fines.

Stuc italien de la seconde moitié du seizième siècle.

Haut. : 25 cent.

12 — Cinq figures, costumes rustiques des Abruzes et de la terre de Labour, ouvrages soignés du célèbre San Martino ; les têtes, les mains et les pieds sont de terre cuite, coloriée avec beaucoup de délicatesse.

Haut. : 45 cent.

BRONZES

DONATELLO

13 — Martyre de saint Sébastien. Le saint, dépouillé de ses vêtements, est attaché à une colonne et percé déjà de plusieurs flèches. Son corps s'affaisse en avant et sa tête, entourée d'un nimbe doré, est empreinte de l'expression de la résignation et de la foi mêlée à la dou-

leur. Deux archers à l'apparence farouche bandent encore leurs arcs contre lui. Un ange, la tête entourée d'un nimbe doré, l'encourage en tenant une palme et en lui montrant le ciel.

On trouve dans ce bas-relief portés à leur plus haut degré, avec une très-grande finesse d'exécution, la pureté de style et la puissance d'expression du célèbre maître florentin.

Haut. : 22 cent. Larg. : 16 cent.

14 — Plaque de chevet, bronze doré, repoussé et ciselé avec une grande finesse. Travail florentin du xvie siècle. Au centre, buste de la Vierge voilée, au milieu d'ornements représentant des masques, des vases avec des épis et des conques. —

Diam. : 13 cent.

15 — Vase de bronze en forme de coupe profonde à fond plat, particulière au xve siècle italien. Décoration d'une merveilleuse richesse et du style le plus élégant. Sur la panse, quatre zones successives; au sommet, riches palmettes; au-dessous, feuilles d'acanthe; plus bas, grande frise de rinceaux, de fleurs, de feuillages et de palmettes. Sur le pied, au-dessous de festons de fleurs, quatre sujets imités de camées antiques : Apollon et Marsyas, Hercule combattant l'Hydre, Hercule terrassant le lion.

Haut. : 27 cent. Diam. : 29 cent.

16 — Grande sonnette, richement décorée d'ornements en relief, dorés, qui se détachent de la façon la plus heureuse sur le métal de cloche blanc argentin qui forme le fond; dans le haut un rang d'oves et quatre masques reliés ensemble par des festons de draperies

au dessous quatre figures de femmes amplement dra-
pées, tenant entre leurs mains les attributs de *la Force,*
de *la Justice,* de *l'Abondance* et de *la Vérité,* se parent et
soutiennent des écussons aux armes de la famille
Venier ; en bas un rinceau de feuilles de vigne et des
aigles aux ailes éployées.

Le manche décoré d'oves, de perles et de feuilles
d'acanthe, se termine par une sorte de grenade entr'ou-
verte.

Ce splendide monument a appartenu à Sébastien
Venier qui commandait la flotte vénitienne à la bataille
de Lépante en 1571 et mourut doge de Venise en
1573.

Haut., 20 cent.

17 — Autre sonnette d'une époque un peu plus ancienne,
décorée de filets de perles et de quatre zones d'ornements et de feuillages. Le manche est ancien.

Haut., 18 cent.

18 — Vénus. Le corps de la déesse est nu ; ses vêtements
qui semblent tomber enveloppent seulement ses jambes
et une partie des cuisses ; elle tient dans sa main gauche la pomme, prix de beauté qui vient de lui être dé-
cerné. Bronze doré, art vénitien des premières années
du seizième siècle.

Haut., 26 cent.

19 — La Charité. Elle est debout, drapée ; ses cheveux
noués sur la nuque retombent épars sur ses épaules, la
main droite soutient et relève les plis de sa longue tuni-

que tandis que le bras droit étendu montre une flamme
dans sa main.

Cette jolie figure appartient à l'art vénitien des premières années du seizième siècle.

Haut., 19 cent.

20 — Saint Jérome en prière agenouillé devant un autel
rustique; un lion est à ses pieds. Dans le fond une église,
et plus près de lui, pendu à un arbre le chapeau de
cardinal.
Bas-relief, travail padouan du xve siècle.

Haut., 14 cent.

21 — Jeune satyre accroupi sur une base triangulaire pro-
filée, et portant sur son dos un tronc d'arbre destiné à
servir d'encrier. Auprès de lui un vase destiné à porter
une bougie. Travail vénitien du xvie siècle.

Haut., 18 cent.

22 — Tête de jeune faune souriant, imitation de l'antique
pleine de grâce et de liberté, faite au xvie siècle.

Haut., 8 cent.

23 — Christ a jupon, bronze doré ; les bras manquent;
beau travail du xiie siècle.

Haut., 18 cent.

24 — Triomphe de Vénus. Bas-relief.

Larg., 20 cent.

BRONZES ORIENTAUX

25 — BEAU VASE hémisphérique à couvercle et son plateau, ciselés et damasquinés d'argent, de la plus précieuse exécution. L'habile artiste qui l'a fait, connu par d'autres travaux du même genre, n'a pas hésité à le signer, comme si c'était le chef-d'œuvre de son art, d'une façon tout exceptionnelle, en grandes lettres damasquinées de deux centimètres de hauteur placées dans un cartouche au milieu du plateau :

GRAVÉ PAR MAITRE MAHMUD LE KURDE

Diam. du plateau, 30 cent.

26 — PETIT COFFRET OBLONG à couvercle à pans et à quatre pieds découpés en cuivre gravé à figures, ornements et inscriptions, et conservant des traces d'incrustations d'argent. Travail persan très-ancien.

Larg., 13 cent.

27 — BASSIN PERSAN en cuivre jaune entièrement couvert d'ornements finement gravés. Travail ancien.

Diam., 25 cent.

28 — PETIT FLAMBEAU persan en cuivre couvert d'ornements et d'inscriptions gravés. Travail ancien.

Haut., 23 cent.

28 *bis* — Brule-parfums en forme de sphère, en cuivre
gravé, à ornements et repercé à jour. Travail ancien.

29 — Buire à panse sphérique, à côtes en cuivre jaune
gravé à ornements et inscriptions. L'anse et le goulot
se terminent par des têtes de dragon. Travail arabe
ancien.

Haut., 38 cent.

30 — Petite coupe ronde en cuivre doré. Elle est décorée
à l'extérieur d'inscriptions et de médaillons renfermant
des animaux. Travail persan.

Diam., 185 mill.

31 — Coupe ronde à couvercle en cuivre jaune gravé à
ornements et inscriptions et portant des traces d'incrustations d'argent. Travail persan.

Diam., 15 cent.

32 — Grande et belle coupe ronde sur piédouche bas en
cuivre rouge gravé et étamé, décorée d'ornements et
d'inscriptions. Travail persan.

Diam., 38 cent.

33 — Coupe analogue à celle qui précède, mais sans pied.

Diam., 34 cent.

34 — Coupe ronde et profonde à couvercle surmonté d'un
long bouton profilé repercé à jour. Cuivre rouge étamé
gravé à arabesques, rosaces et bustes. Travail persan.

Diam., 21 cent.

35 — PLATEAU ROND de même travail.

Diam., 23 cent.

36 — GRANDE ET BELLE BUIRE en cuivre repoussé en pointes de diamant et doré. Elle est accompagnée d'un très-grand bassin dont le bord présente un décor analogue à la pièce. Travail turc.

Haut.de la buire, 36 cent.

Diam. du bassin, 62 cent.

37 — DEUX GRANDS FLAMBEAUX de divan à longues tiges et larges bases en cuivre gravé à fleurs et doré. Travail turc.

Haut., 54 cent.

FAIENCES HISPANO-ARABES

38 — GRAND VASE à panse globulaire sur pied très-élevé; deux larges anses dentelées et repercées à jour, semblables à des ailes et disposées en éventail, rattachent le long col au corps du vase. Reflet métallique cuivreux très-brillant.

Cette belle forme mauresque éminemment décorative rappelle celle des célèbres vases de l'Alhambra de Grenade. Elle est des plus rares.

Haut., 54 cent.

39 — A**UTRE VASE** à panse globulaire sur pied élevé : quatre anses qui se rattachent au col servaient de points de suspension. Mêmes reflets.

Haut., 26 cent.

FAIENCES DE PERSE

40 — G**RANDE ET TRÈS-BELLE COUPE** ronde à piédouche, décorée à l'extérieur et à l'intérieur de très-beaux ornements émaillés bleu sur blanc.

Cette pièce est remarquable par son volume, par la richesse de son décor, par la netteté et la précision du dessin, ainsi que par le brillant de l'émail.

Haut., 22 cent. ; diam., 47 cent.

41 — G**RANDE BOUTEILLE** à col allongé, décor bleu céleste rehaussé de bleu turquoise sur fond d'émail blanc.

Ce vase, de la plus rare élégance de forme et de décor, doit être placé parmi les spécimens les plus parfaits de la céramique orientale si justement recherchée de nos jours.

Haut., 44 cent.

42 — B**ROC** à anse entièrement couvert d'ornements émaillés en bleu et vert rehaussés d'émail rouge en relief. Belle qualité.

Haut., 23 cent.

43 — PETIT BROC à anse et couvercle, décoré de palmes et de fleurs émaillées en couleurs.

Haut., 17 cent.

44 — PANNEAU composé de six plaques de revêtement, faïence de la fabrique de Damas.

45 — AUTRE PANNEAU composé de quatre plaques de la même fabrique.

46 — VASE BLEU à quatre anses de suspension, de la fabrique de Damas.

47 — PETITE COUPE, même émail et même fabrique.

FAIENCES ITALIENNES

48 — Fabrique de Castel Durante. — GRAND PLAT ROND, décoré d'une large rosace centrale et d'ornements émaillés en couleurs. Type rare et curieux du xve siècle.

Diam., 48 cent.

49 — Fabrique de Gubbio. — VASE DE FORME SURBAISSÉE à bandeau droit rentrant et à piédouche, rappelant les vases de bronze du xve siècle. Il est décoré d'imbrications et d'ornements à reflets métalliques rouge rubis et mordoré sur fond bleu.

Haut., 20 cent.

50 — Fabrique de Faënza. — Petit plat rond ; au centre un écusson armorié sur fond blanc ; le bord large est décoré d'oiseaux fantastiques et de rinceaux fleuronnés émaillés de belles couleurs sur fond bleu foncé : spécimen rare.

Diam., 245 mill.

51 — Fabrique de Faënza. — Petit plat rond et creux, forme dite *Cuppa amatoria*. Le bord est décoré de plumes de paon se détachant en couleurs sur fond jaune d'or ; le fond porte un écusson armorié circonscrit par un tore de lauriers émaillé bleu et une torsade jaune d'ocre.

Le revers offre un décor rayonnant bleu et jaune.

Diam., 22 cent.

52 — Fabrique de Faënza. — Charmant plat rond présentant au centre un écusson armorié soutenu par deux figurines de génies ailées accroupies, décoré en couleurs sur fond jaune d'or. Le bord porte le même écu répété trois fois, se détachant sur fond jaune d'or, et les entredeux sont décorés d'arabesques élégantes et de grotesques en camaïeu bleu sur fond jaune d'ocre. Qualité rares.

Diam., 245 mill.

53 — Fabrique d'Urbino. — Belle coupe ronde représentant divers groupes de figures se détachant en couleurs sous un monument de caractère italien décoré en camaïeu grisâtre.

Diam., 275 mill.

180»

54 — Fabrique d'Urbino. — BELLE COUPE RONDE présentant au centre dans un médaillon rond la figure de Saint-Pierre Dominiquin en prières. Le bord est décoré de têtes de chérubins, de cornes d'abondance, de rinceaux et de cartouches émaillés en couleurs sur fond bleu foncé. Belle qualité.

Diam., 25 cent.

78»

55 — Fabrique d'Urbino. — PLAQUE CARRÉE représentant le portrait en buste de Pascal Malipieri peint en couleurs sur fond bleu.

Haut., 18 cent.; larg., 15 cent.

300»

56 — Fabrique d'Urbino. — GRANDE ET BELLE PLAQUE CARRÉE représentant saint Jérôme en prière. Dessin très-énergique, émail brillant.

Haut., 30 cent.; larg., 30 cent.

245»

57 — Fabrique d'Urbino. — BELLE PLAQUE représentant la Vierge assise, tenant son divin Fils debout sur ses genoux. Ce groupe est entouré de diverses figures de saints personnages et de celle du petit saint Jean.
Dessin remarquable et coloris très-énergique.

Haut., 25 cent.; larg., 19 cent.

385»

58 — Fabrique d'Urbino. — BELLE COUPE D'ACCOUCHÉE à couvercle. La coupe, à l'extérieur, est décorée de paysages; à l'intérieur, une femme, assise à terre, emmaillotte un enfant, tandis qu'une autre fait le lit; un jeune garçon, près du feu, fait sécher un linge. Sur le couvercle, une femme couchée prend son repas et reçoit une visite, pendant que d'autres la servent.

Cette pièce, de forme élégante, est remarquable par la finesse de la peinture et par un grand nombre de détails d'ameublement qui ne se rencontrent pas dans les autres sujets du même genre.

59 — Fabrique d'Urbino. — ÉCRITOIRE formée d'un groupe de deux figures d'hommes en ronde-bosse : le Remède.

Larg., 23 cent.

60 — Fabrique de Forli. — BELLE COUPE RONDE présentant dans un médaillon rond un groupe de trois figures dans un paysage : Vulcain forgeant les armes de l'Amour.

Le bord est décoré de grotesques, de mascarons et de rinceaux en couleurs sur fond bleu foncé.

Cette pièce porte à l'extérieur des ornements émaillés rouge et bleu sur fond bleu empois, et porte un trident comme marque de fabrique.

Spécimen rare et des plus curieux.

Diam., 27 cent.

61 — Fabrique de Forli. — DEUX FLAMBEAUX forme dite vénitienne, à large base, décorés de trophées d'armes, d'arabesques et de vases en camaïeu bleu rehaussé de blanc sur fond bleu foncé.

Quoique de dessin différent, ces deux pièces se font parfaitement pendant.

Haut., 17 cent.

62 — Fabrique de Forli. — Coupe ronde et creuse, à godrons, émaillée bleue et décorée d'ornements blancs. Marquée au trident.

Diam., 26 cent.

63 — Fabrique de Forli. — Coupe ronde, d'un galbe élégant, émaillée bleu et décorée d'ornements blancs et jaunes. Elle offre à l'extérieur de fines moulures et des godrons émaillés de même.

Diam., 25 cent.

64 — Fabrique de Forli. — Coupe ronde émaillée bleu, décorée de trophées d'armes et d'ornements en couleurs.

Diam., 25 cent.

65 — Fabrique de Forli. — Petit plat rond, décoré au centre et au bord de trophées d'armes et d'instruments de musique émaillés en couleurs sur fond bleu foncé.

Le revers présente des ornements émaillés bleu sur bleu.

Diam., 24 cent.

66 — Fabrique de Forli. — Petit plat rond décoré au bord de trophées d'armes et d'instruments de musique en camaïeu bleu sur fond bleu foncé. Il offre au centre, dans un médaillon rond, un alcyon apportant à manger à ses petits. Au-dessus, on lit sur une banderole : ALCEDONIA.

Au revers, ornements émaillés bleu sur bleu.

Diam., 25 cent.

67 — Fabrique de Caffagiollo. — Plat rond décoré en camaïeu bleu sur blanc. Il présente au centre les figures de Vénus et de l'Amour, et le bord est décoré d'arabesques et d'urnes.

Diam., 28 cent.

68 — Fabrique de Caffagiollo. — Petit plat rond et creux, décoré au bord de fleurs-arabesques en camaïeu bleu sur blanc, et au centre, d'un écusson armorié émaillé en couleurs.

Diam., 25 cent.

69 — Fabrique de Venise. — Coupe ronde évasée et sur piédouche, décorée d'ornements et d'instruments de musique en camaïeu bleu; entredeux à décor d'émail blanc sur blanc (*bianco sopra bianco*). Très-bel émail.

Diam., 17 cent.

70 — Fabrique de Venise. — Plat rond décoré de larges feuilles en camaïeu bleu sur fond bleu empois. Il présente au centre un écusson d'armoiries composées de trois épées surmontées d'un bonnet d'évêque.

Le revers est décoré d'ornements émaillés bleu.

Diam., 28 cent.

71 — Fabrique de Venise. — Petit plat rond décoré en camaïeu bleu rehaussé de blanc sur fond gris perle. Le bord présente des fleurs et des oiseaux, et le centre des coquillages et un oiseau.

Diam., 24 cent.

72 — Faïence de Montelupo. — Bas-relief carré. La Vierge et l'enfant Jésus émaillés en couleurs. Il porte la date de 1622.

Haut., 29 cent.; larg., 22 cent.

FAIENCE DE MOUSTIERS

73 — Aiguière forme casque, décor en camaïeu bleu, dans le style de Bérain, très-finement touché.

VERRERIE DE VENISE

74 — Petite coupe ronde en verre incolore à doubles bandes concentriques filigranées d'émail blanc, et rosace centrale formée de nervures d'émail blanc. Le piédouche est décoré de filets d'émail blanc.

Diam., 165 millim.

75 — Autre coupe ronde en verre incolore, à bandes filigranées d'émail blanc en spirale.

Diam., 16 cent.

76 — Coupe ronde sur pied à balustre élancé en verre incolore. D'une grande légèreté d'exécution.

Diam., 155 millim.

77 — Petit broc en verre incolore à filets d'émail blanc.

Haut., 13 cent.

78 — Gobelet en émail blanc marbré d'émail bleu.

Haut., 9 cent.

79 — Petite coupe ronde en verre incolore, à bossettes
saillantes et à deux anses. Le bord est décoré de filets
d'émail jaune saillants.

Diam., 13 cent.

80 — Deux grandes bouteilles en verre rubis, garnies
d'appliques en cuivre finement gravé et doré à fleurs,
oiseaux et ornements repercés à jour.

Haut., 38 cent.

81 — Deux jolies burettes en verre filigrané de Venise,
à anses travaillées à la pince.

Haut., 13 cent.

82 — Deux autres burettes analogues à celles qui pré-
cèdent, mais plus petites ; celles-ci sont accompagnées
d'un petit plateau rond de même travail.

Hauteur des burettes : 12 cent.

ÉMAUX DE LIMOGES

83 — Petite plaque carrée. — Belle peinture en grisaille, légèrement teintée, par Jean Pénicaud II. Elle représente la Vierge assise dans un paysage, tenant son divin Fils sur ses genoux. L'émail translucide du revers de la plaque permet de voir le poinçon de l'artiste : la finesse de la peinture est tout à fait exceptionnelle.

Haut., 10 cent.; larg., 75 mill.

84 — Plaque provenant d'un baiser de paix. — Peinture en grisaille, teintée sur fond noir, xvi⁰ siècle. Saint Jérôme en prière. Dans le champ, on lit : Adoro te.

Haut., 8 cent.; larg., 65 mill.

85 — Autre plaque provenant également d'un baiser de paix. — Peinture en grisaille teintée, sur fond noir. Saint François recevant les tigmates. Le champ porte l'inscription suivante : Sancte Francisce.

Haut., 76 mill.; larg., 7 cent.

PORCELAINES

86 — Deux belles bouteilles à goulot long et droit, en ancienne porcelaine de Chine, émaillée noir, décorées de chimères et d'ornements dorés. Qualité rare.

Haut., 45 cent.

86 *bis* — Petit chien havanais assis, en ancienne porcelaine de Saxe.

87 — Bol en ancienne porcelaine de *Capo di Monte*, decoré de larges fleurs émaillées en couleur sur fond blanc et dentelles d'or. Qualité rare.

88 — Grande cafetière de mêmes porcelaine et décor.

89 — Tasse haute avec soucoupe de mêmes porcelaine et décor.

90 — Deux tasses forme bols avec soucoupes, de même porcelaine.

91 — Quatre tasses hautes, sans anse, avec plateaux, modèle à pans, et un sucrier à couvercle, en ancienne porcelaine de Venise, décorés d'ornements émaillés en couleur. Qualité rare.

ARMES

92 — Épée Louis XIII, à poignée et garde en acier ciselé, à ornements rocaille et fleurs repercés à jour. La lame triangulaire porte le nom de Caino, célèbre armurier de Brescia.

93 — Épée Louis XIII, à garde et poignée richement incrustée d'argent. Son ornementation consiste en corbeilles et festons de fruits, perles et arabesques.

94 — Deux pistolets circassiens garnis en argent ciselé et niellé, canons (vieux Stamboul) et batteries damasquinés d'or.

95 — Sabre à lame courbe, gravée ; poignée en cuivre gravé, doré et fond émaillé bleu, garnie en argent finement gravé, à ornements et montants de corne et de nacre avec boutons de corail. Travail persan ancien.

96 — Poignard de Trébizonde à lame courbe en damas. Poignée et fourreau en fer décorés de fleurs et d'ornements damasquinés d'argent.

97 — Poignard à lame en damas damasquinée d'or ; poignée et fourreau en fer bleui, couverts d'ornements et d'inscriptions, damasquinés dor.

98 — Trois couteaux à poignée d'ivoire, et lames dorées,
gravées à figures de guerriers et armoiries surmontées du chapeau de cardinal. xvie siècle.

99 — Couteau vénitien à manche cannelé en corne, garni
en argent.

HORLOGERIE

100 — Grande et belle horloge de table de forme hexa-
gone, en bronze ciselé et doré et à pieds formés de dau-
phins debout. Le cadran d'argent gravé marque les
heures, les mois, les jours, etc. Le mouvement, à
grande sonnerie, porte le nom de son auteur : *Jeremias
Pfaff, à Augsbourg*. Chacune des faces du pourtour
est découpée à jour et garnie d'une glace qui permet
de voir le mouvement. xviie siècle.

Diam., 21 cent.

101 — Jolie pendule du temps de Louis XVI, en bronze
finement ciselé et doré au mat et marbre blanc. Jeune
femme implorant l'Amour. Une banderole, placée aux
pieds de l'Amour, porte l'inscription : *Qui que tu sois,
voici ton maître.*

Haut., 35 cent.

OBJETS VARIÉS ET BIJOUX

102 — Triptyque du xvᵉ siècle brodé en or fin, semé de rubis, de turquoises, de perles fines, et enrichi de peintures sur verre en couleurs et or sur fond rouge. Le médaillon principal représente le Christ sortant du sépulcre, et deux anges.

Haut., 27 cent.

103 — Étui de missel en cuir gaufré du xvᵉ siècle. Il est décoré de sujets pieux, de figures de génies soutenant un écusson armorié et d'ornements.

Haut., 19 cent.

104 — Chauffe-mains de forme sphérique en cuivre gravé repercé à jour, et lampe mobile à l'intérieur. Travail du xvᵉ siècle.

105 — Petit coffret décoré de sujets mythologiques et d'ornements en relief exécutés en pâte blanche sur fond doré. Travail italien du xvᵉ siècle.

106 — Deux petits bras à une lumière, en bronze ciselé et doré, modèle lyre et branche à rinceau. Époque Louis XVI.

107 — Flacon de poche de forme aplatie et à contours en cristal de roche. Il est garni en or gravé. Époque Louis XV.

108 — Étui en or de couleur finement ciselé, à festons de lauriers et ornements. Il porte un écusson armorié. Époque Louis XVI.

109 — Étui en vernis de Martin, décoré de figures d'amours dans le style de Boucher. Époque Louis XV.

110 — Étui en argent en forme d'enfant au maillot. XVIIe siècle.

111 — Paire de grandes boucles d'oreilles ornées de trois grosses pendeloques en argent doré. Travail italien.

112 — Flacon en verre aventuriné, de Venise, à fond noir.

113 — Jolie petite buire à pans, en cuivre émaillé, décorée d'ornements en couleurs sur fond blanc. Travail vénitien de style chinois.

114 — Salière à pans, de même travail et de décor analogue.

115 — Deux clefs de chambellan en bronze ciselé et doré. Travail allemand du temps de Louis XV.

BOIS SCULPTÉS ET MEUBLES

116 — MIROIR FLORENTIN, avec cadre monumental à fronton orné d'un mascaron et supporté par des cariatides, d'une sculpture fine et rehaussée d'or ; il est enrichi d'incrustations de marbres rares.

Haut., 1 m. 05 cent.

117 — GRAND CADRE à moulures guillochées en bois d'ébène. Il contient une grande miniature sur vélin provenant d'un livre de plain-chant du XVIe siècle, représentant la Résurrection et de riches candélabres formant encadrement.

Haut. du cadre, 95 cent.

118 — GRANDE TABLE en bois de placage à filets d'ébène et incrustations de marbres précieux. Ouvrage vénitien du XVIe siècle.

Larg., 1 m. 50 cent.

119 — DEUX FIGURES D'ENFANTS couchés tenant des fleurs et des fruits, en bois sculpté : socles carrés à gorges et canaux creux. XVIIe siècle.

Larg., 30 cent.

120 — CADRE de forme monumentale à colonnes et fronton, en buis. Travail très-soigné.

Haut., 58 cent.

ÉTOFFES

121 — COUVRE-PIEDS en soie groseille piquée. Il offre de beaux dessins à rinceaux en relief. Travail portugais du xviie siècle.

122 — GRANDE PORTIÈRE en étoffe de soie écrue à riches dessins brodés en soies de couleurs. Travail persan ancien.

123 — MORCEAU D'ÉTOFFE DE SOIE à bandes jaunes alternées de bandes satinées rouges et filets bleus sur blanc.

124 — MORCEAU D'ÉTOFFE DE SOIE brodé à fleurs sur fond rouge. Travail oriental.

125 — PETIT TAPIS ORIENTAL à rosaces tissées en argent sur fond vert.

TABLEAUX

126 — Louis XIII jeune vu à mi-corps. Il est vêtu d'un
pourpoint noir brodé d'or avec collerette plissée et porte
en sautoir le grand cordon de l'ordre du Saint-Esprit.

127 — Deux grandes esquisses peintes représentant le casque et le bouclier dits de François Ier qui se trouvaient
à la Bibliothèque impériale, actuellement au Musée
d'Artillerie.

www.ingramcontent.com/pod-product-compliance
Lightning Source LLC
LaVergne TN
LVHW022326170726
843503LV00006B/2733